그림으로 쏙쏙

일본어 가나

허인순 · 박성태 · 이한정 공저

어문학사

머리말

일본어를 처음 공부할 때 무작정 일본어 글자인 히라가나를 쓰면서 외워본 경험이 있다. 선과 동그라미로 반듯하게 쓰는 한글에 익숙한 사람들은 그림처럼 곡선으로 그리듯이 써야하는 히라가나가 너무나 낯설기만 하다. 글자가 아니라 그림처럼 보이는 히라가나를 처음부터 50개를 한꺼번에 외우는 것은 여간 힘든 일이 아니다.

이 책은 일본어 가나를 그림을 통해 학습하도록 하였다. 먼저 그림을 보고 글자를 연상한다. 글자의 모양이 그림으로 연상되면 그림처럼 글자를 쓴다. 일본어 가나에 대응하는 그림은 한국어, 일본어, 그리고 영어로도 이해될 수 있는 그림을 선택하였다. 한국의 학습자뿐만 아니라 일본인에게도 그림에 대한 의견을 물어 일본어를 배우는 여러 나라의 학습자들도 염두에 두고 개발하였다.

히라가나를 외우기 위해 무작정 글자를 쓰다보면 쉽게 외워지지 않아 금방 질리기 쉽다. 일본어에 흥미를 갖고 있지만 히라가나와 가타카나를 외우지 못해 한 두 달 만에 포기하는 학습자들을 보았다. 우선 글자를 쓰지 말고 그림의 모양을 보면서 가나를 한 번 죽 살펴본다. 아이우에오……라고 소리를 내면서 그림과 글자를 함께 맞추어 본다. 글자를 쓸 때에 그림을 연상하면 글자 모양이 떠올라 자연스럽게 써 질 것이다. 일본어 가나는 한자를 흘려 쓴 초서체에서 만들어진 글자이기 때문에 처음부터 소리와 함께 글자를 연상하면 오히려 그 모양이 더 떠오르지 않는다. 그림과 같은 글자는 그림처럼 연상을 해야 그 모양이 쉽게 떠올라 쓸 수 있는 것이다.

일본어가 재미있어, 일본어가 쉽다고 해서, 혹은 일본문화가 좋아서 일본어를 배우려는 사람이 처음에 꼭 넘어야할 산이 일본어 글자이다. 아무쪼록 이 책으로 쉽게 일본어 가나를 익혀 일본어의 문턱에서 좌절하는 일이 없기를 바란다. 이 책으로 공부하면 하루 만에 일본어 글자를 익힐 수 있다. 일본어 가나를 빨리 정복하여 일본어 실력이 쑥쑥 향상되는 기쁨을 맛보기 바란다.

본 교재를 개발하는데 전북대학교 학생들에게 많은 도움을 받았다. 특히 본 교재에 사용된 그림은 홍익대 회화과 대학원에 재학 중인 김가실 학생의 도움으로 이루어졌으며 일본어 발음은 아사히 아키코 선생님의 협조로 촬영이 가능하였다.

마지막으로 교재를 만드는데 애써주신 어문학사 여러분께 진심으로 감사드린다.

저자일동

차례

발음편

일본어의 어휘나 문자는 중국어의 영향을 받았으며 계통은 한국어 · 몽고어 등과 같이 우랄알타이어족에 속한다. 일본어의 특징은 개음절, 교착어로 동사가 문장의 끝 부분에 오며, 경어사용 등을 들 수 있다. 어순은 비교적 자유스럽다.

일본어의 문자와 오십음도(五十音図)

단 행	a	i	u	e	o	ya	yu	yo
–	あ	い	う	え	お			
k	か	き	く	け	こ	きゃ	きゅ	きょ
s	さ	し	す	せ	そ	しゃ	しゅ	しょ
t	た	ち	つ	て	と	ちゃ	ちゅ	ちょ
n	な	に	ぬ	ね	の	にゃ	にゅ	にょ
h	は	ひ	ふ	へ	ほ	ひゃ	ひゅ	ひょ
m	ま	み	む	め	も	みゃ	みゅ	みょ
y	や		ゆ		よ			
r	ら	り	る	れ	ろ	りゃ	りゅ	りょ
w	わ				を			
	ん							
g	が	ぎ	ぐ	げ	ご	ぎゃ	ぎゅ	ぎょ
z	ざ	じ	ず	ぜ	ぞ	じゃ	じゅ	じょ
d	だ	ぢ	づ	で	ど	ぢゃ	ぢゅ	ぢょ
b	ば	び	ぶ	べ	ぼ	びゃ	びゅ	びょ
p	ぱ	ぴ	ぷ	ぺ	ぽ	ぴゃ	ぴゅ	ぴょ

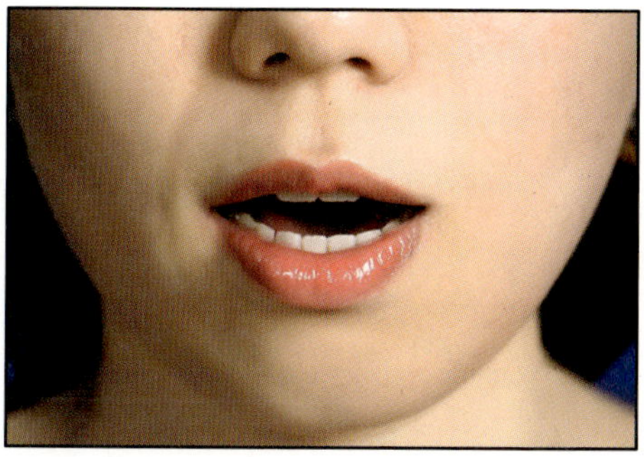

あ [a]

한국어 「아」와 유사한 음으로 입술을 자연스럽고 평평하게 하여 발음한다.

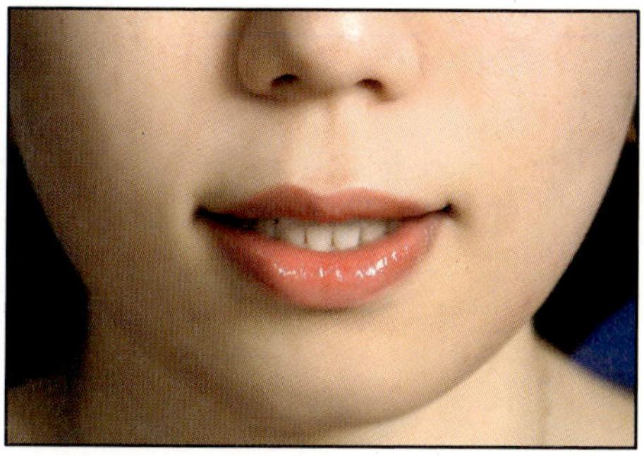

い [i]

한국어 「이」와 유사한 음이다.

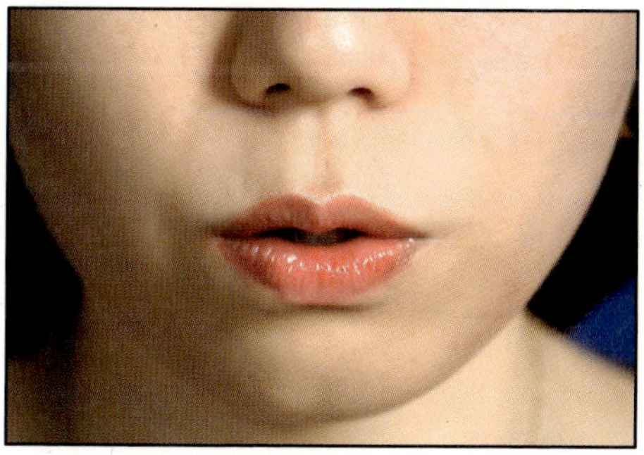

う [ɯ]

한국어 「으」와 「우」의 중간 음으로 주의를 요하는 발음이다. 발음하는 방법은 「으」를 발음한 상태에서 두 입술을 안쪽으로 약간 모아 「우」로 발음한다. 이때 두 입술을 앞으로 내밀지 않도록 주의한다.

え [e]

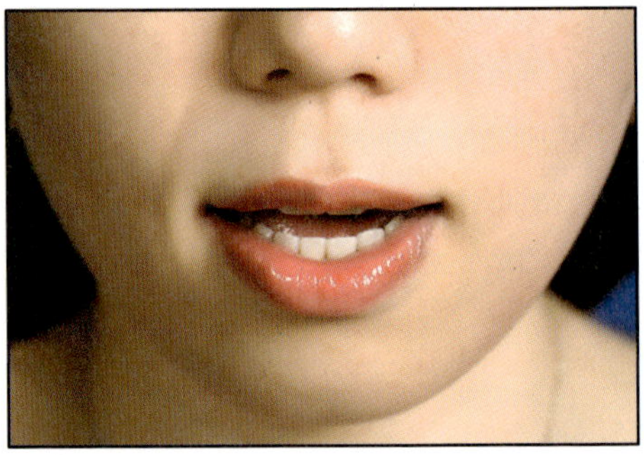

한국어 「에」와 유사한 음이다. 입술 모양은 평평하게 한다.

お [o]

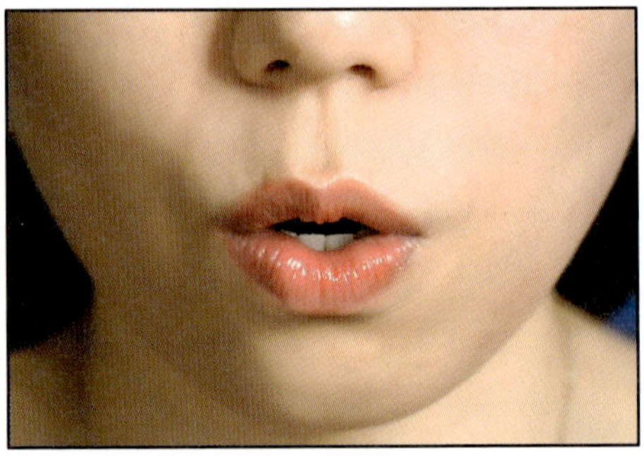

우리말의 「오」와 거의 비슷한 음이지만, 입술을 앞으로 둥글게 내밀어 발음하지 않는다.

일본어 발음

청음(清音)

오십음도에서 「ん」을 제외한 모든 음을 말한다.

あ[a]	い[i]	う[ɯ]	え[e]	お[o]
	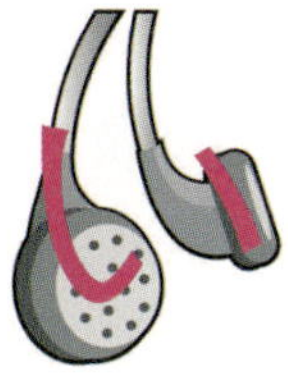			
아이스크림	**이**어폰	**울**마크	**에**펠탑	**오**렌지

- あい　사랑
- いう　말하다
- うえ　위
- えき　역
- おおい　많다
- ああ　감탄할 때 내는 소리
- あおい　파랗다
- あう　만나다
- いえ　집
- かお　얼굴

발음편

か[ka]	き[ki]	く[kɯ]	け[ke]	こ[ko]

카드	**키**	**크**리스마스	**케**이크	**코**알라

우리말 「카, 키, 쿠, 케, 코」보다 약하게 발음한다. 단어 첫머리에 올 경우에는 우리말 「가다, 기름, 구멍, 게으름, 고기」의 앞부분에 나오는 「가, 기, 구, 게, 고」와 비슷하게 발음하면 된다.

- かう　사다
- きく　듣다
- くさ　풀
- けさ　오늘 아침
- こえ　목소리
- いか　오징어
- あき　가을
- かく　쓰다
- いけ　연못
- ここ　여기

발음편

さ[sa]

사커

し[ʃi]

시디

す[sɯ]

스타

せ[se]

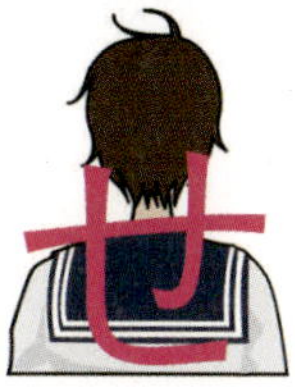

세일러복

そ[so]

소켓

• さけ	술	• あさ	아침
• しお	소금	• いし	돌
• すし	초밥	• いす	의자
• せき	자리	• くせ	버릇
• そこ	거기	• うそ	거짓말

さ・す・せ・そ

한국어 「사, 스, 세, 소」와 유사한 음이다.

し

무성마찰음 [ʃ]와 모음 [i]가 결합한 소리로 우리말 「시」와 비슷한 음이다. 입술을 둥글게 하지 않도록 한다.

た[ta]	ち[ʧi]	つ[ʦɯ]	て[te]	と[to]

타워	**치**즈	**쓰**나미	**테**이블	**토**마토

- たこ 문어
- ちかてつ 지하철
- つくえ 책상
- てつ 철
- とき 때
- した 아래
- くち 입
- くつ 구두
- こて 인두
- あと 나중

た・て・と

한국어「타, 테, 토」보다 약하고 부드럽게 발음한다. 우리말의「다람쥐, 데우다, 도라지」의「다, 데, 도」와 비슷하게 발음하면 된다.

ち

[t]와 [ʃ]를 동시에 실현시키는 음으로 영어「cheese」의 첫 음과 비슷하다.「찌」가 되지 않도록 주의한다.

つ

혀끝을 잇몸에 대고 [t]와 [s]을 동시에 실현시키는 음으로 영어「it's」를 발음할 때 [ts]소리와 비슷하다. 우리말「쓰, 쯔, 츠」도 아님에 주의한다.

발음편

な[na]	に[ɲi]	ぬ[nɯ]	ね[ne]	の[no]

나이프	**니**트	**누**드	**넥**타이	**노**크

- なつ　여름
- にく　고기
- ぬく　빼다
- ねこ　고양이
- のち　나중
- なな　일곱
- あに　오빠, 형
- いぬ　개
- あね　언니, 누나
- つの　뿔

な・ね・の

한국어 「나, 네, 노」와 유사한 음이다.

に

한국어 「있니」의 「니」와 유사한 음이다.

ぬ

한국어 「누」와 「느」의 중간음이다.

は[ha]	ひ[çi]	ふ[ɸɯ]	へ[he]	ほ[ho]
	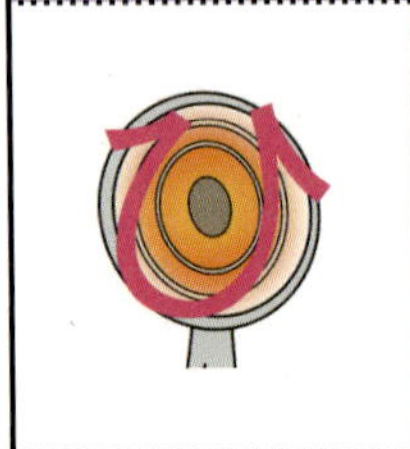			
하우스	히터	훌라후프	헬리콥터	호텔

- はこ　상자
- ひと　사람
- ふく　옷
- へそ　배꼽
- ほし　별
- はは　엄마
- あさひ　아침 해
- ひふ　피부
- はちのへ　하치노헤(지명)
- かくほ　확보

✤ は・へ・ほ

한국어 「하, 헤, 호」와 유사한 음이다. 단어 중간에 오면 우리말보다 마찰이 강하기 때문에 확실히 발음하여야 한다.

✤ ひ

혀를 딱딱한 입천장 쪽으로 가져가 숨을 내보내면서 「히」라고 발음하면 된다.

✤ ふ

촛불을 불어서 끌 때 내는 소리와 유사하며 「후」와 「흐」의 중간음이다. 이때 입술을 둥글게 앞으로 내밀지 않도록 한다.

ま[ma]	み[mi]	む[mɯ]	め[me]	も[mo]

마이크	**밀**크	**무**솔리니	**메**모	**모**빌

- まえ　앞
- みそ　된장
- むし　벌레
- めし　밥
- もつ　들다
- くるま　자동차
- さしみ　생선회
- のむ　마시다
- つめ　손톱
- ひも　끈

ま・み・め・も

한국어 「마, 미, 메, 모」와 유사한 음이다.

む

한국어 「무」와 「므」의 중간음으로 입술을 앞으로 둥글게 내밀지 않도록 한다.

발음편

や[ja]	ゆ[jɯ]	よ[jo]

야자수	유턴	요트

우리말 「야, 유, 요」처럼 발음한다. 「ゆ·よ」를 발음할 때는 입술을 너무 앞으로 내밀지 않도록 주의한다.

- やく 굽다
- ゆき 눈
- よこ 가로
- やおや 야채가게
- つゆ 이슬
- いよいよ 드디어

1월 정월(正月)
일본의 정월 풍경을 보여주는 소품들이다. 가가미모치(현관 등에 놓아두는 떡), 가도마쓰(집이나 상점의 입구에 놓아두는 장식물) 등은 모두 복을 부르고 나쁜 기운을 내쫓는 상서로운 물건이다.

발음편

ら[ra]	り[ri]	る[rɯ]	れ[re]	ろ[ro]
	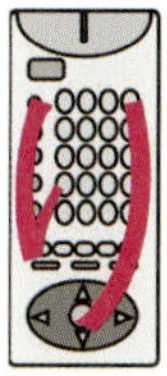			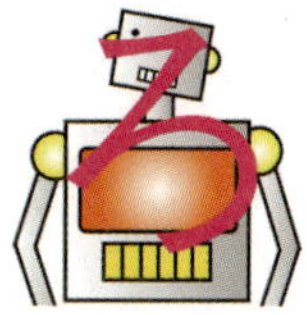
라면	**리**모콘	**루**돌프	**레**몬	**로**봇

- らく　편안함
- りす　다람쥐
- るす　부재
- れきし　역사
- ろうか　복도
- さら　접시
- えり　옷깃
- はる　봄
- はれ　맑음
- しろ　하양

ら・り・れ・ろ

한국어 「라, 리, 레, 로」와 유사한 음이다.

る

한국어 「루」와 「르」의 중간음이다.

발음편

わ[wa]	を[o]	ん[m][n][ŋ][N]
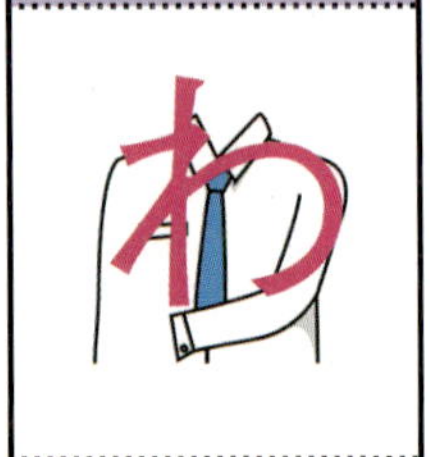		
와이셔츠	**오**랑우탄	**응**(생각하는 사람)

한국어 「와, 오」와 유사한 음이다. 「を」는 현대어에서 [o]로 발음되며, 이때 입술을 둥글게 앞으로 내밀지 않는다. 목적격조사 「을/를」로만 쓰인다.

- わいろ　뇌물
- にわ　뜰
- ふくをかう　옷을 사다
- みかん　밀감

2월 세쓰분(節分 : 입춘 전날)
일본에서는 세쓰분에 잡귀를 쫓기 위해서 콩을 뿌리는 마메마키라는 행사가 있다.

탁음(濁音)

탁음은 か행, さ행, た행, は행의 오른쪽 위에 탁점「゛」를 찍은 が행, ざ행, だ행, ば행의 음을 말한다. 일본어에서는 청·탁음으로 인해 뜻이 달라지는 경우가 많으므로 청음과 탁음을 잘 구별해서 정확하게 발음해야 한다.

が[ga]	ぎ[gi]	ぐ[gɯ]	げ[ge]	ご[go]

한국인에게는 が행음이 단어 첫머리에 나오면 발음하기가 어려운데 다음과 같은 요령으로 발음한다. 먼저「으」를 발음하는 것 같은 입 모양을 만들고 나서 [ga] [gi] [gɯ] [ge] [go]라고 발음한다.

「ぐ」는 한국어「구」와「그」의 중간음으로 입술을 둥글게 내밀지 않도록 한다.

- がら 무늬
- ぎむ 의무
- ぐち 푸념
- げた 나막신
- ごみ 쓰레기
- まんが 만화
- うわぎ 윗옷
- えのぐ 그림물감
- しあげ 마무리
- あなご 붕장어

ざ[dza]	じ[dʒi]	ず[dzɯ]	ぜ[dze]	ぞ[dzo]

ざ · ず · ぜ · ぞ

한국어에 없는 음으로, さ행음을 발음할 때의 혀 위치와 차이가 없다. 혀끝을 윗잇몸에 대었다가 그 위치를 그대로 유지한 채 「ざ, ず, ぜ, ぞ」를 발음하면 된다. 단어 처음에는 [dza] [ʤi] [dzɯ] [dze] [dzo]로, 단어 중간에서는 [za] [ʒi] [zɯ] [ze] [zo]로 발음한다. 「じゃ(쟈), じゅ(쥬), じょ(죠)」로 발음하지 않도록 주의한다.

じ

혀의 앞부분을 잇몸과 딱딱한 입천장에 대었다가 [ʤi]로 발음하면 된다.

- ざる　소쿠리
- じかん　시간
- ずるい　교활하다
- ぜんご　전후
- ぞうに　떡국
- ひざ　무릎
- きじ　옷감
- きず　상처
- かぜ　바람
- なぞ　수수께끼

だ[da]	ぢ[dʒi]	づ[dzɯ]	で[de]	ど[do]

だ・で・ど

「た, て, と」를 발음할 때의 혀 위치와 같은데 성대를 울리며 발음한다. 「간다, 한대, 한도」의 「ㄷ」로 발음하면 된다.

ぢ・づ

「じ, ず」의 발음과 동일하다.

- だんご 경단
- ちぢみ 오그라듦
- つづく 계속하다
- でんき 전기
- どかた 막일꾼
- はだ 살결
- はなぢ 코피
- かんづめ 통조림
- そで 소매
- まど 창

*주의 : だ행 탁음의 발음을 청음으로 하면 뜻이 달라지므로 주의한다.

예) たいがく 퇴학, だいがく 대학

발음편

ば[ba]	び[bi]	ぶ[bɯ]	べ[be]	ぼ[bo]

우리말 어두에 오는 「바람」의 「바」가 아니라, 「단비, 여보」의 「ㅂ」처럼 발음하면 된다. 「ぶ」는 「부」와 「브」의 중간음으로 입술을 앞으로 둥글게 내밀지 않도록 한다.

- ばら　장미
- びじん　미인
- ぶぶん　부분
- べんとう　도시락
- ぼうし　모자
- そば　메밀
- わさび　와사비
- つぶ　낟알
- なべ　냄비
- しぼり　물수건

3월 히나마쓰리(ひな祭り)
일본에서는 여자아이의 건강과 행복을 기원하는 의미로 2월 중순경부터 3월 3일까지 히나인형을 전시하는 풍습이 있다.

반탁음(半濁音)

반탁음은 は행에 반탁점「゜」을 찍은 ぱ행을 말한다. 한국어「ㅍ」에 가깝게 발음하며, 어중에서는「ㅃ」에 가깝게 발음한다. ぷ[pɯ]는 입술을 앞으로 둥글게 내밀지 않도록 한다.

ぱ[pa]	ぴ[pi]	ぷ[pɯ]	ぺ[pe]	ぽ[po]

- パゴダ 불탑
- ぴかぴか 뻔쩍뻔쩍
- プリンス 왕자
- ペンキ 페인트
- ポスト 우편함
- パパ 아빠
- あんぴ 안부
- ランプ 램프
- もんぺ 여성용바지
- たんぽぽ 민들레

4월 입학식
일본은 4월에 새학기가 시작된다.

발음편

요음(拗音)

「い단」(き, し, ち, に, ひ, み, り, ぎ, じ, ぢ, び, ぴ)의 오른쪽 아래에 작은 글자로 「ゃ」「ゅ」「ょ」를 붙여서 きゃ, きゅ, きょ 등과 같이 쓰고, 1박으로 발음한다. 「い단」의 발음 준비를 한 상태에서 혀를 앞쪽으로 약간 이동시키면서 바로 뒤의 음을 동시에 발음한다.

발음		단어	뜻
きゃ[kja]		きゃべつ	양배추
きゅ[kjɯ]		やきゅう	야구
きょ[kjo]		きょり	거리
ぎゃ[gja]		ギャグ	개그
ぎゅ[gjɯ]		ぎゅうにく	쇠고기
ぎょ[gjo]		ぎょうじ	행사
しゃ[ʃa]		しゃしん	사진
しゅ[ʃɯ]		しゅみ	취미
しょ[ʃo]		しょり	처리
じゃ[ʤa]	(어두)	じゃま	방해
じゅ[ʤɯ]	(어두)	じゅく	학원
じょ[ʤo]	(어두)	じょうけん	조건
じゃ[ʤa]	(어중, 어말)	かんじゃ	환자
じゅ[ʤɯ]	(어중, 어말)	じゅじゅ	주고받음
じょ[ʤo]	(어중, 어말)	こんじょう	근성
ちゃ[ʧa]		ちゃいろ	갈색
ちゅ[ʧɯ]		ちゅうしゃ	주사
ちょ[ʧo]		ちょめい	저명

にゃ[ɲa] にゅ[ɲɯ] にょ[ɲo]	こんにゃく にゅうがく にょうぼう	곤약 입학 마누라
ひゃ[ça] ひゅ[çɯ] ひょ[ço]	ひゃく ヒューマン ひょうげん	백 인간적 표현
びゃ[bja] びゅ[bjɯ] びょ[bjo]	さんびゃく デビュー びょういん	3백 데뷔 병원
ぴゃ[pja] ぴゅ[pjɯ] ぴょ[pjo]	はっぴゃく ピューマ ぴょんぴょん	8백 퓨마 깡총깡총
みゃ[mja] みゅ[mjɯ] みょ[mjo]	みゃくらく ミュージック みょうじ	맥락 음악 성씨
りゃ[rja] りゅ[rjɯ] りょ[ɾjo]	りゃくじ りゅうこう りょうり	약자 유행 요리

촉음(促音)

히라가나 「つ」 또는 가타카나 「ッ」를 작게 쓴다. 발음은 뒤에 오는 음에 따라 달라지며 1박자의 길이를 갖는다. つまる音이라고도 한다.

① か행 앞에서는 [k]로 발음된다.

いっかい　1회

めっき　도금

② さ행 앞에서는 [s]나 [ʃ]로 발음된다.

ざっし　잡지

あっさり　산뜻하게

③ た행 앞에서는 [t]로 발음된다.

きって　우표

おっと　남편

④ ぱ행 앞에서는 [p]로 발음된다.

いっぱい　가득

むてっぽう　무모함

발음(撥音)

「ん」의 발음은 뒤에 오는 음에 따라 [m, n, ŋ, N]으로 발음되며, 1박으로 발음하며, はねる音이라고도 한다.

① ま행, ば행, ぱ행 앞에서는 [m]로 발음된다.

あんま	안마	しんぶん	신문
さんぽ	산책	かんぱい	건배

② ざ행, た행, だ행, な행, ら행 앞에서는 [n]로 발음된다.

にんじん	당근	ほんとう	정말
せんたく	세탁	うんどう	운동
みんな	모두	べんり	편리

③ か행, が행 앞에서는 [ŋ]로 발음된다.

あんこ	팥소	てんかん	간질

④ 모음, さ행, は행, や행, わ행 앞에서 또는 단어 끝에 올 때 비음[N] 또는 비모음으로 발음된다. [N]의 발음은 [ŋ]과 비슷하나, [ŋ]의 경우는 혀 뒷부분을 위로 올려 입으로의 공기를 막는다. [N]의 경우는 혀를 올리는 힘이 덜 작용하여, 자연스럽게 호흡하고 있을 때처럼 발음한다.

かんし	감시	まんいん	만원
まんねんひつ	만년필	ほんや	책방
でんわ	전화	ごはん	밥

장음(長音)

장모음을 말한다. 즉, 두 개의 같은 모음이 연속되었을 때, 이 두 모음을 각각 발음하는 것이 아니고, 선행모음을 2박자에 걸쳐 길게 발음한다. 외래어의 경우는 장음을 「ー」로 표기한다.

• あ단 뒤에 「あ」가 올 때	おかあさん	어머니	ラーメン	라면
• い단 뒤에 「い」가 올 때	おじいさん	할아버지	ビール	맥주
• う단 뒤에 「う」가 올 때	ゆうじん	우인, 벗	スーパー	슈퍼마켓
• え단 뒤에 「え」가 올 때	おねえさん	언니, 누나	ベータ	베타
• え단 뒤에 「い」가 올 때	せんせい	선생님	けいえい	경영
• お단 뒤에 「お」가 올 때	おおきい	크다	とおい	멀다
• お단 뒤에 「う」가 올 때	いもうと	여동생	おうじ	왕자

5월 사쓰키가부토

남자아이들을 위한 축제는 5월 5일이다. 단오날이기도 이 날은 남자아이들의 용맹과 기상을 위해 마당에 고이노보리(잉어모양의 깃발)를 걸고 집안에는 옛 장수들의 투구나 갑옷, 전설상의 용사모양을 한 인형을 장식한다.

히라가나

ひらがな

히라가나는 9세기말에 한자의 초서체를 바탕으로 만들어진 문자이다.
당시는 일본 고전시 와카(和歌)나 편지에 사용되었으며, 주로 여성이 사용했기 때문에
「女手(あんなで)라고도 불리었다.

자원

ひらがな의 자원(字源)

安 あ	以 い	宇 う	衣 え	於 お
加 か	幾 き	久 く	計 け	己 こ
左 さ	之 し	寸 す	世 せ	曽 そ
太 た	知 ち	川 つ	天 て	止 と
奈 な	仁 に	奴 ぬ	祢 ね	乃 の
波 は	比 ひ	不 ふ	部 へ	保 ほ
末 ま	美 み	武 む	女 め	毛 も
也 や		由 ゆ		与 よ
良 ら	利 り	留 る	礼 れ	呂 ろ
和 わ				遠 を
无 ん				

あ 행

あ[a]	い[i]	う[ɯ]	え[e]	お[o]

아이스크림	이어폰	울마크	에펠탑	오렌지

安→あ→あ

あ

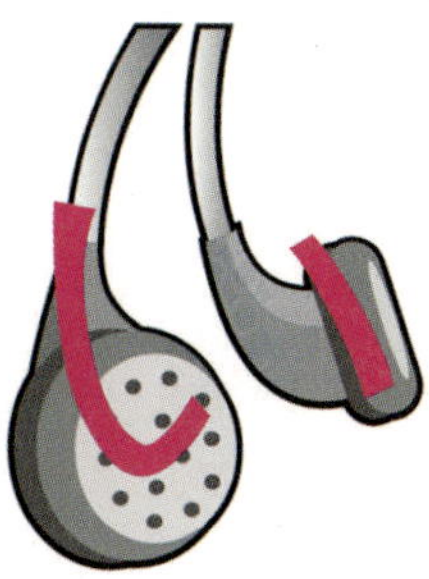

以→ん ら→い

い

히라가나

あ행

宇→𡖋→う

う

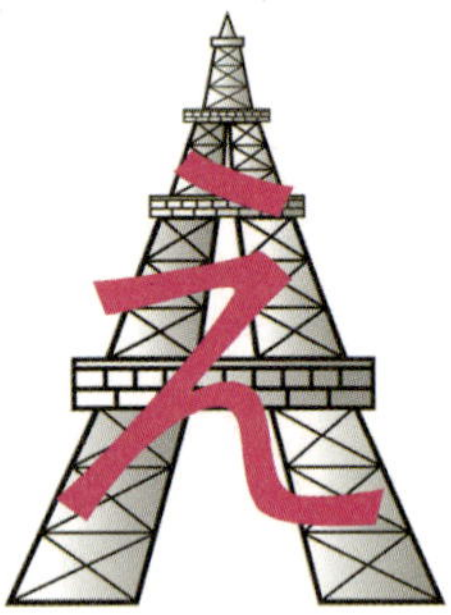

衣→衣→え

え

於→於→お

お

か행

か[ka]	き[ki]	く[kɯ]	け[ke]	こ[ko]

카드	키	크리스마스	케이크	코알라

히라가나

加 → [illegible] → か

か

つ か か か

幾 → [illegible] → き

き

一 ニ キ き

か행

久→ㄊ→く

く

計→け→け

け

己→こ→こ

こ

さ 행

さ[sa]	し[ʃi]	す[sɯ]	せ[se]	そ[so]
				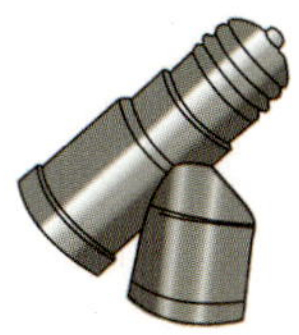
사커	**시**디	**스**타	**세**일러복	**소**켓

左→ち→さ

さ

之→え→し

し

さ행

寸 → す → す

す

世 → せ → せ

せ

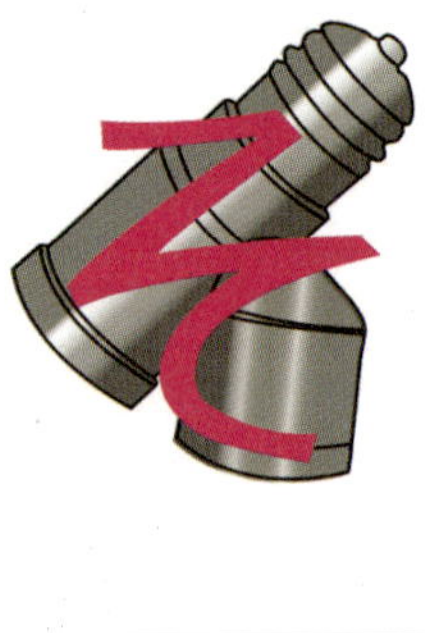

曽 → そ → そ

そ

た행

た[ta]	ち[ʧi]	つ[ʦɯ]	て[te]	と[to]

타워	**치**즈	**쓰**나미	**테**이블	**토**마토

太→た→た

た

た

一 ナ た た

知→ち→ち

ち

ち

一 ち ち ち

た행

川 → [illegible] → つ

つ つ つ つ つ つ

天 → [illegible] → て

て て て て て て

止 → [illegible] → と

と と と と と と

히라가나

な행

な[na]	に[ɲi]	ぬ[nɯ]	ね[ne]	の[no]

나이프	니트	누드	넥타이	노크

奈→𠘨→な

な

な

仁→𠂇→に

に

に

な행

奴→奴→ぬ

ぬ

ぬ

祢→祢→ね

ね

ね

乃→乃→の

の

の

は 행

は[ha]	ひ[çi]	ふ[ɸɯ]	へ[he]	ほ[ho]

하우스	**히**터	**훌**라후프	**헬**리콥터	**호**텔

波→⻖→は

は

は

⼁	に	は	は

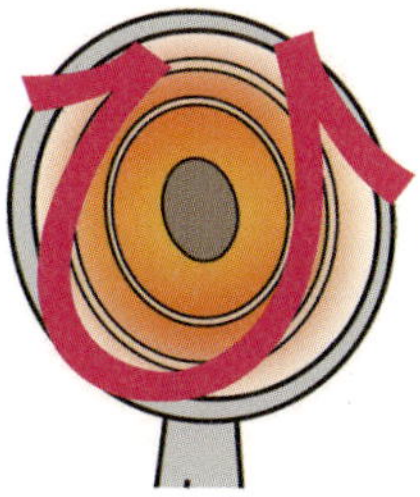

比→比→ひ

ひ

ひ

ひ	ひ	ひ	ひ

は 행

不 → [illegible] → ふ

ふ

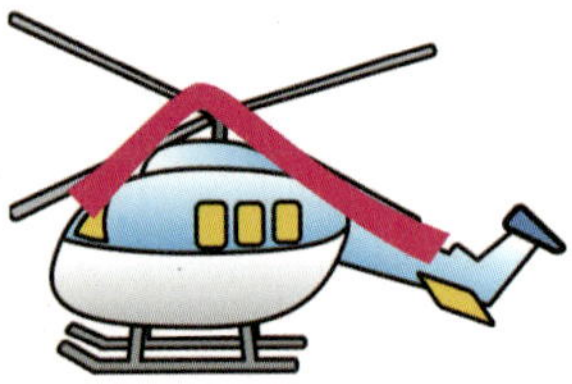

部 → [illegible] → へ

へ

保 → [illegible] → ほ

ほ

ま행

ま[ma]	み[mi]	む[mɯ]	め[me]	も[mo]

마이크	밀크	무솔리니	메모	모빌

末→ま→ま

ま

美→み→み

み

ま행

武→む→む

む

女→め→め

め

毛→も→も

も

や행

や[ja]	ゆ[jɯ]	よ[jo]

야자수	**유**턴	**요**트

也 → や → や

や

由 → ゆ → ゆ

ゆ

や행

与→𛁈→よ

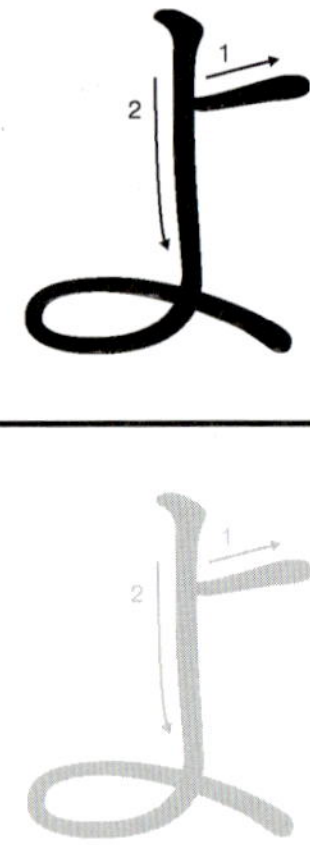

6월 장마

7월 칠월칠석

일본의 이곳 저곳에서 다나바타마쓰리라고 하는 칠석축제가 열린다.

ら행

ら[ra]	り[ri]	る[rɯ]	れ[re]	ろ[ro]
	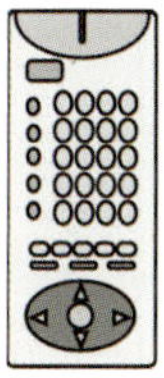			
라면	리모콘	루돌프	레몬	로봇

良→良→ら

ら

ら ら ら

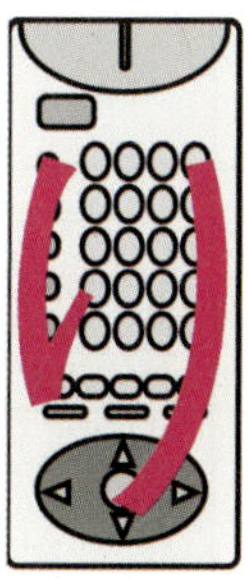

利→利→り

り

り り り

ら행

留→[illegible]→る

る

礼→[illegible]→れ

れ

呂→[illegible]→ろ

ろ

わ행 특수음

わ[wa]	を[o]	ん[m][n][ŋ][N]

와이셔츠	오랑우탄	응(생각하는 사람)

和→わ→わ

わ

遠→を→を

を

ん

无→え→ん

8월 무더위
유카타를 입은 소녀가 귀엽다.

9월 달구경(月見)
일본에서는 밝은 9월의 달을 쳐다보며 소원을 비는 풍습이 있다.
한국과 마찬가지로 일본에서도 달에 토끼가 살며, 떡방아를 찧는다는 이야기가 있다.

모양이 비슷한 ひらがな 연습

あ	あ	あ					
お	お	お					
い	い	い					
り	り	り					
う	う	う					
ら	ら	ら					
き	き	き					
さ	さ	さ					
こ	こ	こ					
て	て	て					

모양이 비슷한 ひらがな 연습

た	た	た					
な	な	な					
ぬ	ぬ	ぬ					
ね	ね	ね					
は	は	は					
ほ	ほ	ほ					
め	め	め					
ぬ	ぬ	ぬ					
は	は	は					
ま	ま	ま					

모양이 비슷한 ひらがな 연습

ま	ま	ま					
も	も	も					
ろ	ろ	ろ					
る	る	る					
わ	わ	わ					
れ	れ	れ					
ね	ね	ね					
わ	わ	わ					
め	め	め					
あ	あ	あ					

탁음(濁音)

[ga]	[gi]	[gɯ]	[ge]	[go]
が	ぎ	ぐ	げ	ご
が	ぎ	ぐ	げ	ご

[dza]	[dʒi]	[dzɯ]	[dze]	[dzo]
ざ	じ	ず	ぜ	ぞ
ざ	じ	ず	ぜ	ぞ

[da]	[dʒi]	[dzɯ]	[de]	[do]
だ	ぢ	づ	で	ど
だ	ぢ	づ	で	ど

[ba]	[bi]	[bɯ]	[be]	[bo]
ば	び	ぶ	べ	ぼ
ば	び	ぶ	べ	ぼ

반탁음(半濁音)

[pa]	[pi]	[pɯ]	[pe]	[po]
ぱ	ぴ	ぷ	ぺ	ぽ
ぱ	ぴ	ぷ	ぺ	ぽ

히라가나

요음(拗音)

[kʲa]	[kʲɯ]	[kʲo]
きゃ	きゅ	きょ
きゃ	きゅ	きょ

[ʃa]	[ʃɯ]	[ʃo]
しゃ	しゅ	しょ
しゃ	しゅ	しょ

[ʧa]	[ʧɯ]	[ʧo]
ちゃ	ちゅ	ちょ
ちゃ	ちゅ	ちょ

[ɲa]	[ɲɯ]	[ɲo]
にゃ	にゅ	にょ
にゃ	にゅ	にょ

[ça]	[çɯ]	[ço]
ひゃ	ひゅ	ひょ
ひゃ	ひゃ	ひょ

[mʲa]	[mʲɯ]	[mʲo]
みゃ	みゅ	みょ
みゃ	みゅ	みょ

요음(拗音)

히라가나

[r^{j}a]	[r^{j}ɯ]	[r^{j}o]
りゃ	りゅ	りょ
りゃ	りゅ	りょ

[g^{j}a]	[g^{j}ɯ]	[g^{j}o]
ぎゃ	ぎゅ	ぎょ
ぎゃ	ぎゅ	ぎょ

[dʒa]	[dʒɯ]	[dʒo]
じゃ	じゅ	じょ
じゃ	じゅ	じょ

[dʒa]	[dʒɯ]	[dʒo]
ぢゃ	ぢゅ	ぢょ
ぢゃ	ぢゅ	ぢょ

[b^{j}a]	[b^{j}ɯ]	[b^{j}o]
びゃ	びゅ	びょ
びゃ	びゅ	びょ

[p^{j}a]	[p^{j}ɯ]	[p^{j}o]
ぴゃ	ぴゅ	ぴょ
ぴゃ	ぴゅ	ぴょ

ひらがな 복습하기

다음 그림을 보고 연상되는 ひらがな를 빈 칸에 써 봅시다.

ひらがな 복습하기

다음 그림을 보고 연상되는 ひらがな를 빈 칸에 써 봅시다.

가타카나
カタカナ

가타가나는 9세기 초에 한문을
일본어식으로 읽기위해 한자의 일부를 따서 만든 문자다.
주로 외래어 표기에 쓰이며, 의성어·의태어 등과
동식물의 이름, 전보문 그리고 강조하고 싶은 부분 등을 표기하는데 사용한다.

자원

カタカナ의 자원(字源)

阿 ア	伊 イ	宇 ウ	江 エ	於 オ
加 カ	幾 キ	久 ク	介 ケ	己 コ
散 サ	之 シ	須 ス	世 セ	曽 ソ
多 タ	千 チ	川 ツ	天 テ	止 ト
奈 ナ	二 ニ	奴 ヌ	祢 ネ	乃 ノ
八 ハ	比 ヒ	不 フ	部 ヘ	保 ホ
末 マ	三 ミ	牟 ム	女 メ	毛 モ
也 ヤ		由 ユ		与 ヨ
良 ラ	利 リ	流 ル	礼 レ	呂 ロ
和 ワ				乎 ヲ
尓 ン				

ア 행

ア[a]	イ[i]	ウ[ɯ]	エ[e]	オ[o]

아이스크림	**이**어폰	**울**마크	**에**펠탑	**오**렌지

阿 → 阿 → ア

ア ア ア ア ア

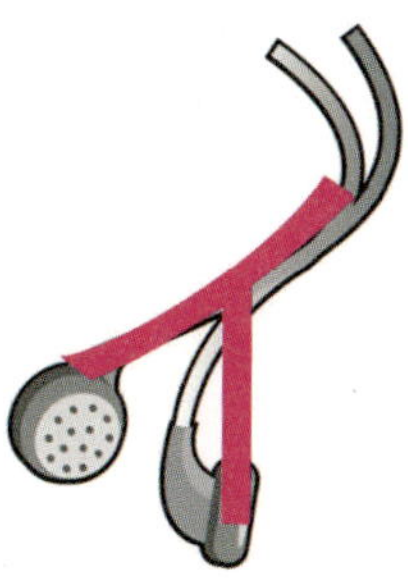

伊 → 伊 → イ

イ イ イ イ イ

ア 행

宇→宇→ウ

ウ

江→江→エ

エ

於→於→オ

オ

カ 행

カ[ka]	キ[ki]	ク[kɯ]	ケ[ke]	コ[ko]

카드	키	크리스마스	케이크	코알라

加→加→カ

カ

カ

フ カ カ カ

幾→幾→キ

キ

キ

一 二 キ キ

가타카나

カ 행

久 → 久 → ク

ク

介 → 介 → ケ

ケ

己 → 己 → コ

コ

サ 행

サ[sa]	シ[ʃi]	ス[sɯ]	セ[se]	ソ[so]
				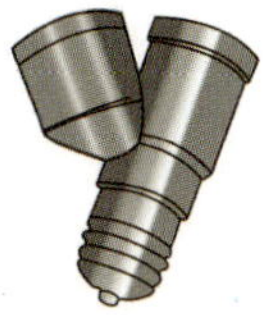
사커	**시**디	**스**타	**세**일러복	**소**켓

散 → 散 → サ

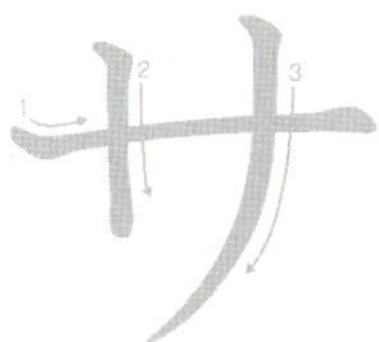

之 → 之 → シ

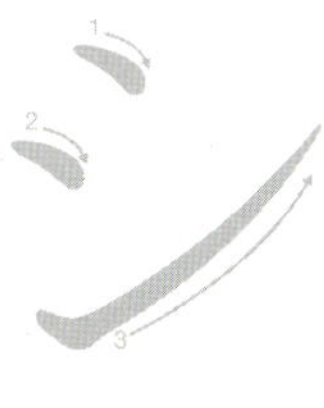

가타카나

サ 행

須→須→ス

ス	フ	ス	ス	ス
ス				

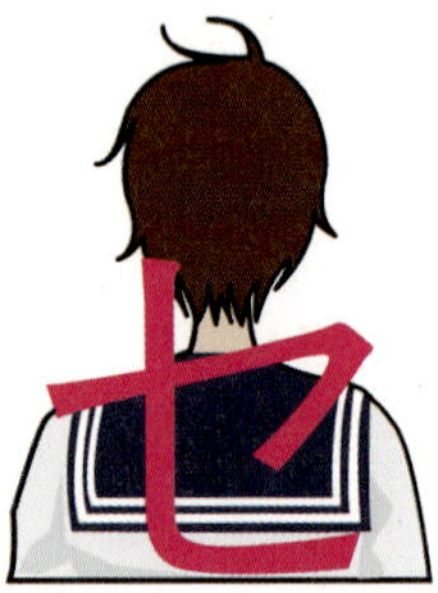

世→世→セ

セ	一	セ	セ	セ
セ				

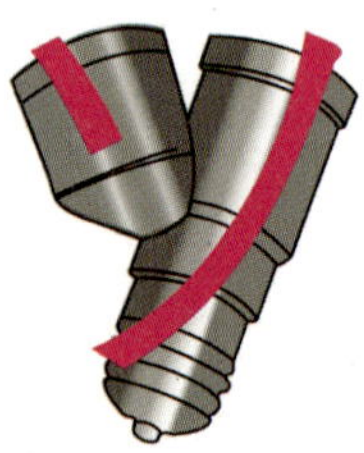

曽→曽→ソ

ソ	ヽ	ソ	ソ	ソ
ソ				

タ행

タ[ta]	チ[ʧi]	ツ[ʦɯ]	テ[te]	ト[to]

타워	**치**즈	**쓰**나미	**테**이블	**토**마토

多→多→タ

タ

ノ ク タ タ

千→千→チ

チ

一 二 チ チ

가타카나

タ행

ツ

川→川→ツ

テ

天→天→テ

ト

止→止→ト

ナ 행

ナ[na]	ニ[ɲi]	ヌ[nɯ]	ネ[ne]	ノ[no]
				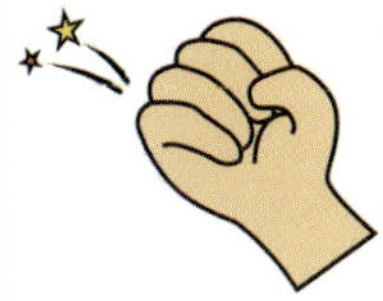
나이프	**니**트	**누**드	**넥**타이	**노**크

奈→奈→ナ

ナ

二→二→ニ

ニ

가타카나

ナ 행

가타카나

奴 → 奴 → ヌ

ヌ ヌ

祢 → 祢 → ネ

ネ ネ

乃 → 乃 → ノ

ノ ノ

ハ행

ハ[ha]	ヒ[çi]	フ[ɸɯ]	ヘ[he]	ホ[ho]

하우스	**히**터	**훌**라후프	**헬**리콥터	**호**텔

八 → 八 → ハ

ハ ハ

比 → 比 → ヒ

ヒ ヒ

ハ행

不→不→フ

フ

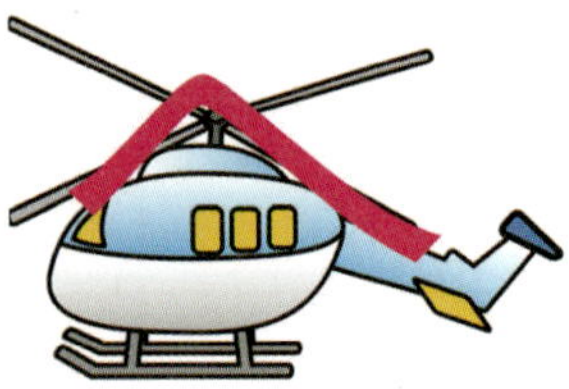

部→部→へ

へ

保→保→ホ

ホ

マ행

マ[ma]	ミ[mi]	ム[mɯ]	メ[me]	モ[mo]

마이크	**밀**크	**무**솔리니	**메**모	**모**빌

末→末→マ

マ

三→三→ミ

ミ

가타카나

マ 행

牟→牟→ム

ム

ム

女→女→メ

メ

メ

毛→毛→モ

モ

モ

ヤ행

ヤ[ja]	ユ[jɯ]	ヨ[jo]
	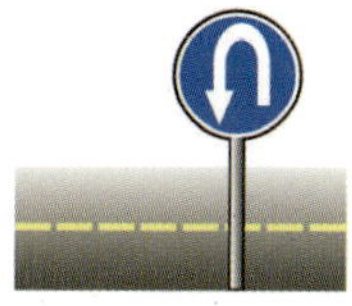	
야자수	유턴	요트

也 → 也 → ヤ

ヤ

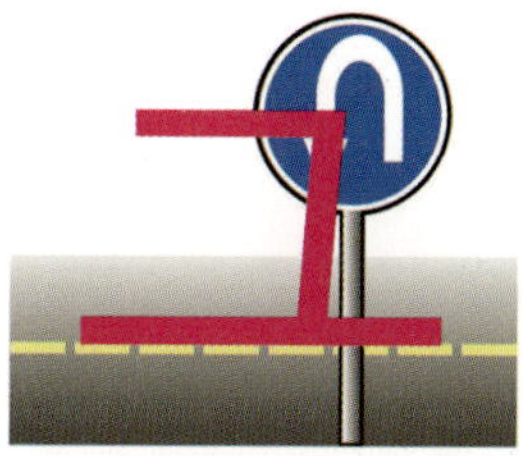

由 → 由 → ユ

ユ

가타카나

ヤ행

与→与→ヨ

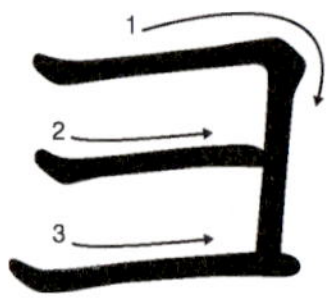

10월 가을축제

미코시라고 하는 신이 타고 있는 가마를 옮기는 젊은이들의 모습.

11월 만추

부엉이 세 마리가 쓸쓸한 늦가을을 나타내고 있다.

ラ 행

ラ[ra]	リ[ri]	ル[rɯ]	レ[re]	ロ[ro]
	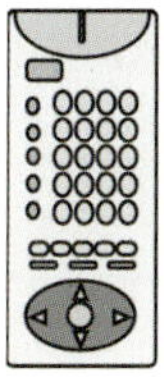			
라면	**리**모콘	**루**돌프	**레**몬	**로**봇

ラ

良 → 良 → ラ

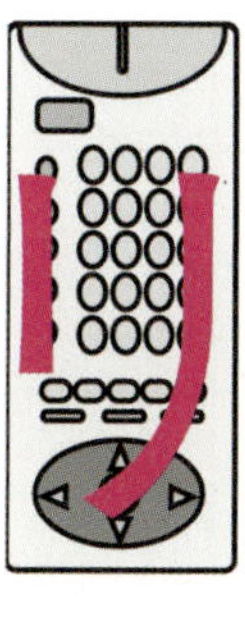

リ

利 → 利 → リ

ラ 행

流 → 流 → ル

ル

礼 → 礼 → レ

レ

呂 → 呂 → ロ

ロ

ワ행 · 특수음

ワ[wa]	ヲ[o]	ン[m][n][ŋ][N]

와이셔츠	오랑우탄	응(생각하는 사람)

和→和→ワ

乎→乎→ヲ

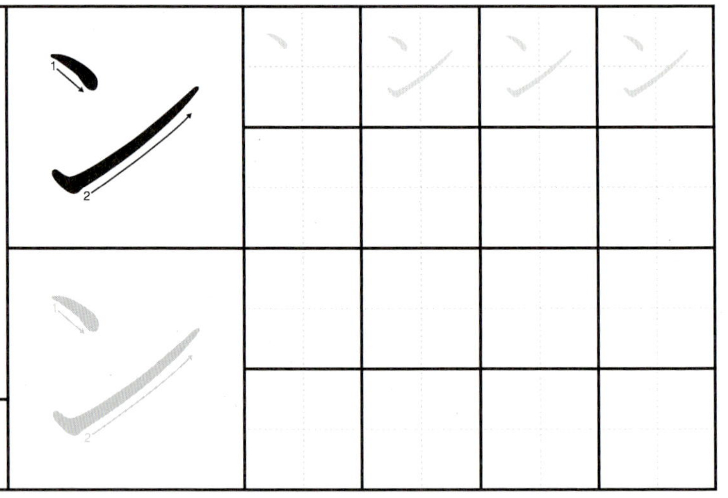

尓→尓→ン

12월 낙엽태우기
떨어진 낙엽을 태우며 추위를 녹이는 모습.

모양이 비슷한 カタカナ 연습

ア	ア	ア				
マ	マ	マ				
ク	ク	ク				
ヤ	ヤ	ヤ				
ン	ン	ン				
ソ	ソ	ソ				
チ	チ	チ				
ケ	ケ	ケ				
テ	テ	テ				
ラ	ラ	ラ				

모양이 비슷한 カタカナ 연습

セ	セ	セ					
ヤ	ヤ	ヤ					
ナ	ナ	ナ					
メ	メ	メ					
ヲ	ヲ	ヲ					
ヨ	ヨ	ヨ					
ワ	ワ	ワ					
ウ	ウ	ウ					
ラ	ラ	ラ					
フ	フ	フ					

가타카나

모양이 비슷한 カタカナ 연습

シ	シ	シ					
ツ	ツ	ツ					
ス	ス	ス					
ヌ	ヌ	ヌ					
ワ	ワ	ワ					
ク	ク	ク					
タ	タ	タ					
コ	コ	コ					
ユ	ユ	ユ					
エ	エ	エ					

탁음(濁音)

[ga]	[gi]	[gɯ]	[ge]	[go]
ガ	ギ	グ	ゲ	ゴ
ガ	ギ	グ	ゲ	ゴ

[dza]	[dʒi]	[dzɯ]	[dze]	[dzo]
ザ	ジ	ズ	ゼ	ゾ
ザ	ジ	ズ	ゼ	ゾ

[da]	[dʒi]	[dzɯ]	[de]	[do]
ダ	ヂ	ヅ	デ	ド
ダ	ヂ	ヅ	デ	ド

[ba]	[bi]	[bɯ]	[be]	[bo]
バ	ビ	ブ	ベ	ボ
バ	ビ	ブ	ベ	ボ

반탁음(半濁音)

[pa]	[pi]	[pɯ]	[pe]	[po]
パ	ピ	プ	ペ	ポ
パ	ピ	プ	ペ	ポ

요음(拗音)

[kʲa]	[kʲɯ]	[kʲo]
キャ	キュ	キョ
キャ	キュ	キョ

[ʃa]	[ʃɯ]	[ʃo]
シャ	シュ	ショ
シャ	シュ	ショ

[ʧa]	[ʧɯ]	[ʧo]
チャ	チュ	チョ
チャ	チュ	チョ

[ɲa]	[ɲɯ]	[ɲo]
ニャ	ニュ	ニョ
ニャ	ニュ	ニョ

[ça]	[çɯ]	[ço]
ヒャ	ヒュ	ヒョ
ヒャ	ヒュ	ヒョ

[mʲa]	[mʲɯ]	[mʲo]
ミャ	ミュ	ミョ
ミャ	ミュ	ミョ

요음(拗音)

가타카나

[r^ja]	[r^jɯ]	[r^jo]
リャ	リュ	リョ
リャ	リュ	リョ

[g^ja]	[g^jɯ]	[g^jo]
ギャ	ギュ	ギョ
ギャ	ギュ	ギョ

[dʒa]	[dʒɯ]	[dʒo]
ジャ	ジュ	ジョ
ジャ	ジュ	ジョ

[dʒa]	[dʒɯ]	[dʒo]
ヂャ	ヂュ	ヂョ
ヂャ	ヂュ	ヂョ

[b^ja]	[b^jɯ]	[b^jo]
ビャ	ビュ	ビョ
ビャ	ビュ	ビョ

[p^ja]	[p^jɯ]	[p^jo]
ピャ	ピュ	ピョ
ピャ	ピュ	ピョ

カタカナ 복습하기

다음 그림을 보고 연상되는 カタカナ를 빈 칸에 써 봅시다.

カタカナ 복습하기

다음 그림을 보고 연상되는 カタカナ를 빈 칸에 써 봅시다.

일본어 가나 순서 단숨에 외우기

한국어의 순서는 'ㄱ, ㄴ, ㄷ, ㄹ, ㅁ, ㅂ……'이며, 영어 알파벳의 순서는 'a, b, c, d, e, f, g……'이다.

일본어의 경우도 가나를 순서대로 외워야 한다. 가나의 각 행의 첫 글자를 쉽게 외울 수 있다.

먼저 하나의 사건을 상황별로 생각해서 외워 보자.

1. 언제?－아까 [あか]
2. 어떤 일이 일어났나?－샀다 [さた]
3. 누가?－내가/나 [な]
4. 무엇을?－하마를/하마 [はま]
5. 시시한 것을 산 것이 아니라, 동물원에나 있는 하마를 샀으므로, 주위에 있는 사람을 불러서 구경시켜야겠다. 모두에게 알려주기 위해서 소리를 질러보자!－야!/라와(나와)－[や] / [らわ]
6. 나올래, 안 나올래, 대답 좀 해 보아라!－응? [ん]

이와 같은 내용을 머릿속에 상상하면서 다시 한 번 가나의 순서를 외워 보기로 하자.

[아까 샀다/나/하마/야/라와(나와)!/(나올래 안 나올래)응?]

[あかさた/な/はま/や/らわ/ん?]

저·자·약·력

허인순 Huh, In-Soon

전북대 교수, 쓰쿠바대 박사과정 수료, 충남대 박사, 응용언어학, 국어학 전공.
저 서 : 『일본어문법 단숨에 뛰어넘기』, 『12주에 OK! 초급일본어』 등
역 서 : 『일본문화 키워드 305』, 『미카미문법에서 테라무라문법으로』 등

박성태 Park, Seong-Tae

전북대 겸임교수, 도호쿠대 박사, 사회언어학, 일본어교육학 전공.
저 서 : 『오용례로 배우는 일본어 123』
역 서 : 『일본어의 본질』, 『일본인의 생활과 관습』

이한정 Lee, Han-Jung

건국대 강사, 도쿄대 박사, 비교문학비교문화, 일본근현대문학 전공.
저 서 : 『일본문학 번역 60년 현황과 분석』(공저)
역 서 : 『일본작가들이 본 근대조선』(공역)

그림으로 쏙쏙 **일본어 가나**

초판 1쇄 발행일 | 2009년 9월 15일

지은이 허인순 · 박성태 · 이한정
펴낸이 박영희
편집 이선희
교정 · 교열 이은혜
책임편집 강지영
일러스트 김가실
펴낸곳 도서출판 어문학사
132-891 서울특별시 도봉구 쌍문동 525-13
전화: 02-998-0094 / 팩스: 02-998-2268
홈페이지: www.amhbook.com
e-mail: am@amhbook.com
등록: 2004년 4월 6일 제7-276호

인지는 저자와의 합의하에 생략함

ISBN 978-89-6184-065-1 13730

정가 5,000원